JN411543

남색빛 들꽃으로 피다

남색빛 들꽃으로 피다

김병효 시집

정은출판

시인의 말

쌓다 부서지고 또 쌓고
지나간 흔적마다 뜨거운 열망이 고스란히 담자락
에 묻어 있다

서리꽃처럼 피고 지다 겨우 반환점을 돌아서면서
조그마한 담장이 그려졌다

낮고 넉넉한 찔레꽃 담장
자연이 주는 향기로운 들꽃 담장

그런 담장들이 한장 한장씩 쌓여
마음속 붉은 열정으로
때론 침묵 속에서 불타는 꿈들로 자라나고 있었다

그동안 피고 졌던 많은 이야기를 모아 드디어 나
의 담장에 꽃물로 채워 놓았다

2020 가을날
김병효

차례

1부/ 초록빛 소리를 묻다

2부/ 손톱 위에 뜬 달

3부 / 자작나무 숲

4부 / 삶의 흔적으로 말할 뿐

5부/ 밥 대신 커피를 마시는 여자

01.

초록빛. 소리를. 묻다.

새들의 날갯짓 소리
깊숙이 초록빛은 마디 사이를 지나
세포 속을 퍼져가고 있었다

담자락

붉은 취기에 눈이 붉다

울엄니 꽃 같았던 청춘이
사르르 꽃잎으로 떨어진다

향기마저 여울처럼 흘려보내고
쪼그라든 굳은 마디마다

눈깔사탕 같은 씨앗
붉게 멍울져 눈시울이 붉다

빗물에 하루가 두 손에 가득 떨어져
소리 없이 운다

나 그럴 줄 알았어

고흥에 오시면

굽은 허리를 감싸 안은
어머니 같은 포구에는 언제나
옥빛 바다가 누워 있다

낭창하게 불어오는 바람이
옷섶에 스치면
꼬들꼬들하게 잘 말려진 서대에
길손의 시선이 멈춘다

유자향 알알이 익어가는 길목,

끊어질 듯 이어지는 둘레길마다
다도해 절경이 펼쳐지고
중산의 질펀한 갯벌은 노을에 기대어
마음도 청청하다

섬 하나
쉬이 부르지 못할 보리피리 소리가
들릴 듯 누워있다

지나간 것도 모두가 꽃같이 서러워 할
섬이 아닌 섬으로
발길이 기억에 남게 될
당신이 이곳에 와야 할 이유다

초록빛 소리를 묻다

대나무 향취를 담아
녹색 바람 타고 사락사락

시리도록 겨울 햇살은 떨고 있었다

울창한 하늘가 긴 대나무의 혈은
숨차게 박동질한다

어디에서 시작되었던가
차마 외면하지 못했던 빛의 충혈充血

한 인간은 황량한 삭풍朔風 속에서
빛을 찾아 헤매고 있었다

몸은 서서히 식어가고
귓전에 들리는 환청의 소리
굳어가는 언어의 몸부림

밤이 지나 새벽이 밝아 오자
대나무 사이 태양의 빛은
환송곡이 되어 울려 퍼진다

온갖 자연의 신비함으로
바람은 몸통을 혼미하게 하고
움츠렸던 소리의 혈을 자극한다

새들의 날갯짓 소리
깊숙이 초록빛은 마디 사이를 지나
세포 속을 퍼져가고 있었다

눈을 떴을 때 바람 한 줄기는
맑은 기운을 툭 던지고 빛 속으로 사라진다

모두가
NO 할때

하늘가 성스런 느티나무 아래
한 노인이 앉아 있는 의자 위로
바람은 하얗게 빛바랜 세월을 덧칠한다

어둠이 먹물처럼 거리에 스며들고
도심 속 흐르는 물길에 그 누군가가
하루의 피곤함을 흘려보내고
강물은 그렇게 안식이 되어준다

성도 이름도 모르는 이방인들
통제된 도시의 거리마다
비무장 지대를 잃은 지 오래다

마스크 속에
무표정한 도시의 어깨를
그 무언가 짓눌러
마구 흔들어 놓고
안간힘을 다하여 버티는 힘겨운 오늘에
우리가 있다

피할 수 없으면 차라리 즐겨라
내일이란 성스런 날이 오지 않느냐
잔 속에 내일을 채워 잔을 들어라
내일을 향해
불기둥 속에 내가 서 있다

섬진강

바람 타고
육백 리 강물 따라
이 몸 여기까지 왔네

봄볕 모래벌판에 누워
그리움 하나 쯤
생각할 테지

댓잎 바람 살랑살랑

하동포구 팔십 리 길
가도 가도 끝이 없어

몹쓸
요놈의 봄바람에
매화향기 어찌 못하여

애타는 소쩍새만
소쩍소쩍 노을 속에 묻네

감사해요

고마워요
짧은 안부 전화

고마워요
한 줄의 문자

고마워요
활짝 웃는 그대 미소

고마워요
언제나 내 편이 되어주어서

평범한 것들이
때론 큰 위안이 되어 주지요

벼랑 끝에 서 보면

모母

천방지축 온 천지에 콩콩
바싹 마른 콩 줄기에 손 방망이가 사정없이 후려친다

노을이 어둠 속으로 스며들고서야 어매와 콩은
기진맥진 땅바닥에 쓰러진다

몸 하나로
콩처럼 단단히 견뎌온 50년 세월

모진 아픔이 부딪칠 때마다
양손에 언제나 단단한 정체 모를 콩들이 콩닥거렸지

딱딱함에 가능성을 이미 알고 있었던 거지
침묵 속에 또 다른 부드러운
새 생명이 태어나고 있다는 것을

세월 흘러 빗물에 담벼락은 움푹 패이고
이끼 낀 골목길 저 멀리
확성기 소리가 아련히 들려온다

콩 삽니다 콩
꽁알만 해진 콩들이 긴장을 늦추지 않는다

꽃불 *1*

고흥 능가사에 가시거든
기별 주오

대웅전 담자락,
한 백여 일 열꽃 붉게 터져
바람에 꽃 지다

밤 그늘이
팔영산 기슭
꽃 빛 물에 잠기면

또 한 번
꽃 멀미에 어지러워
스러지고

깊이 품고 뜨거운
농염한 그대
아직도 여여하시는지

꽃불 2

꽃 빛 아래
한여름이 뜨겁다

구름 낀 허공 속
바람 한점이 가느다란 가지 끝 정적을 깨운다

숨 멎은 듯
선홍빛으로 짙게 물들다 그 절정 어쩌지 못해
자지러지는 가슴
눈물 그렁그렁했을

산다는 게 내 속이 문드러져
시들어 가는 걸 알면서도
온몸 다해
다시 피워 내는 일이지

세상에서 가장 뜨겁게 토해내는 8월의 핏빛이여

꽃불 3

뜨겁게 타오르는 열망이
새빨간 거짓말처럼 옴팡지게
스미어 피고 지다

심장 깊숙이 삭히어
눈멀고 귀먹어

그대 붉은 옷자락에 얼룩져
조용히 다가올 계절을
기다리고 있을 일인지 모르지

뜨거워서 더 아리었던 하얀 소문들
떨어진 꽃잎마다
오랜 시간을 견뎌온 녹슨 자국 선명하다

저물어 가는 시간은 언제나
절절하여
허구한 날 너를 향한 그리움은 혼절하듯
내 가슴에 붉게 피는가

소록도

살다가 힘들고 외롭거든
그 섬에 가볼 일이다
거기 파란 파도 되어
물거품으로 하얗게 부서져

검은 바위에 부딪히고 부딪쳐
퍼렇게 멍들다 무디어지면
마침내 꽃사슴 눈빛이 되려니

견딘다는 것은
제 가슴 비워야 비로소
아름다워지는 것
낮추어 얻는 평안함이 거기 있다

흐려진 내 귀
청아한 바람 소리에 귀 씻고
비로소 그 섬에 다가서면
내 마음속 너의 푸른 섬이 자란다

아파서
붉은

매서운 태풍의 눈동자에 밤도
무서워했을

담장 넘어 여름밤은 그렇게
밤새 떨고
새벽은 저만치 놀란 가슴 움켜잡고 그 자리에 서 있다

지나간 자리 고요하여
모진 시간 속 견디온 이 아침이 행복하다

살아 있는 자와
살아야 하는 자의
쓸쓸한 모든 것들이 잠시 햇빛에 속을 드려낸다

찢기고 찢긴 시간 속
버텨낸 모진 생명
마당 한켠엔 중년의 나무 한 그루가
흔들리지 않고 서 있다

가지가지마다 단단한 열매들이
햇살 뜨거워 더 붉다

팔영산

초저녁
달빛은 잠시 깃대봉에 가리어
음습한 골짜기마다
풀벌레 소리가 낡은 봇짐 속으로 스며든다

까닭 모를 어디쯤
산자락 모퉁이로 유성이 휙 지나가고
어둠은 먹물 번지듯 9개의 봉우리에 깊숙이 스며든다

무성한 나무들은
홀로 잎 떨구어 바위가 되고 바위는 나무가 된다

절대적인 신의 성소처럼
죽음으로서 겸허하게 받아들이는 꽃들은
한 알의 우주를 담아 봉우리 마다 알알이 깊숙이 눕는다

사는 게 그렇게 만나서 헤어지고
다시 돌아와 만나듯이

능가사 처마 끝 풍경소리는
기꺼이 돌아올 너를 위해 제 몸 낮추어 낮게 울려 퍼진다

비워야 비로소 보이는 산,
아름다운 팔전산이여

잘 할 줄
알았어

생각을 바꾸려면 참으로 어렵지만
그 생각이 바뀌고 나면
세상이 달라진다는 것을 알게되지

한 그루 나무가 대지에 뿌리를 내리고
수많은 태풍에 찢어진 아픔을 견디며 당당히
그 자리를 묵묵히 지켜오면서

나무는 고되고 힘든 시간을 보낼 때 마다
나무는 생각하지
그래, 세상은 모진 태풍처럼 아픔만 주는 게 아니야
때론 여름날 시원하게 땀을 식혀주는 바람도 있어

그리고 세찬 비바람이 불 때마다
뿌리를 꼭 잡아주며 함께 견디어 주었던
흙이 있다는 것을 알게 되었지

나무는 어느새 풍성하게 자라
봄이면 꽃을 피워 주고
여름이면 그늘이 되어주고
가을날 풍성한 열매를 맺혀주었지
그 나무가 바로,
한 그루 행복 나무였던 거야

상처가 진물로 말라 아물고 또 다른
가려운 고통을 잘 참고 이겨냈을 때 비로소
딱지도 아물고 가슴에 따뜻한 방이 생긴다는 것을…

어렵고 힘든 삶을 잘 참아낸 당신
기꺼이 친구가 되어줄게
내가 있잖아,

공空

비움은
비워서 언제나 행복하다
비어있다는 것은
오직
가득 채워 있는 사람보다
아주 조금 덜 채워져 있을 뿐
항상 그만큼 여유롭다
비록 가난할지라도
비어있음에
두려워하지 않는다

꽃다지

어쩌자고

잠시
볕에 안겨 피다

낮게
바람에 훔쳐가고

마음 두고 온
노란
멍울 자국

꿈길

그대
꿈길로 가시나요

아주 조금
조금만

나를
기억해줘요

기억 속
행복했노라고

단 하나의
꽃

수 천 번 눈길로
저 깊은 심장에 피어

생에 단 한 번
너로 하여금 붉게 올라

노을지는 강가에서
너의 눈빛을 낚는다

어쩌나

눈물까지도 사랑할 날
너무나 짧구나

물방울
한점

수척해진 하늘가
들창 넘어
호박꽃 활짝 기지개를 켜

줄기마다 조롱조롱 열매 맺고
저 여린 과육의 윤기처럼
눈부신 이 아침이 언제였던가

종일토록 보고 싶었던
먼 산

성난 자연 앞에 나약해진 생각들이
수인의 몸처럼 벽 안에 가둔
긴 긴 날

얼마나 할퀴고 지나가야 아픈 상처가 아물까
칼날처럼 후려치는 빗줄기에
가슴이 멍든다

벽장 속 겹겹이 스며드는
습기 찬 고독한 비애 뒤에는
나의 내면적 언어들이 조용히 제 몸 떨군다

저 모진 바위틈새
몸 일으켜 꽃씨 하나 남기려는 들풀
아,
오십고개 넘어서는 모진
팔월이여

발자국

부쩍 자란 나팔꽃이 오롯하게
녹슨 안테나에 올라 비밀스러운 주파수를 쏘아 올린다

썰물 지나간 뭍에 확연한 경계가 드러나면
바지락 밭 위 갈퀴 지나간 흔적마다 갯벌이 살아난다

수고로운 꿈들이 질통에 채워져
비로소 아낙네의 투박스런 발자국이 선명하게 새겨지고

긴 세월 동안 뻘밭이 고향이라 생각했던 사람들은
언제나 새벽 별보다 그들이 먼저 와 기다리고 있다

성실 하나 밑천으로 여겼던
바닷사람에겐 바다만 바라 보아도 부자인 것이다

그래서 어쩌면 바다를 경배하며 살아온 여인들은
파도소리에 할매로 익어간다

눈을 감고
귀를 막아야 나의 바다가 되어주는 그들만의 우직한 삶은

사랑과 이별처럼 밀물과 썰물 되어
오늘도 그들은 새들과 함께 수평선 위를 걸으며
바다를 닮아간다

길

가고 싶다
너에게로…

길목에
고운 단풍 뽐내는

그 길을
너와 손잡고

가을 따라
익어가고 싶다

—효진,이야기3

배롱나무

차디찬 겨울
육신 홀 벗어
그대 앞에
한 그루 나무로 서
한여름

석달

붉게 붉다
멎지 않는 하혈
그 절정
꽃
빛진다

이리도 환장할
다시
그리워지는 꽃

녹綠을
토하다

고요 속 풀과 나무들은
남의 영역을 탐내지 않고
적당한 간격을 지키며 서로가 의지한다

솔잎 사이 햇살이
들머리에 조용히 다가서면
바람은 축축이 젖은 몸을 말린다

오묘한
자연의 생명체들

그들은 묵묵히 지난겨울
찬바람을 이겨내며
그 여운 봄날에 꽃들은 물살처럼 자유롭게 하늘 향해
일제히 꽃문 열고
뻐꾹새는 앞산에 울음을 두고 간다

연둣빛 물결 위에
토해내는 하얀 그리움

가만히 줄 선 편백 숲길은
어제의 화려했던 시간을
미련 두지 않고 향기로 흠뻑 빠져들게 한다

모가 나지 않은 이파리 위에 구름은 제 속 비워내고
푸른 생 움틈을 듣지 못한다면 어찌 시 한 수 건지리

별과 달이 지나는 이 숲길에서
나는 어둠 삼키며 붉은 새벽을 읽는다

된장찌개

나흘 연이은 장맛비로 천지의 비릿한 냄새가
막다른 골목을 돌아서다 새벽을 안고 돌아눕는다
구름 걷힌 비갠 한낮
쪽창 바라본 풍경은 기지개를 활짝 펴고 스치는 바람에
가물가물 쪽잠을 청할 참이다
제법 자태를 갖춘 호박넝쿨은 토실토실한 햇살 한 줌으로
살찌우고
윙윙거리는 커다란 노란 꽃잎에는 벌들의 하루가 분주하다
한여름날의 성스러운 고운 자태,
여기 보세요
상사화의 저 오묘한 화색이 저리도 고울까요
올마다 견고히 이어온 인내
그 여린 거미줄 속에 부활하는 기다림의 성소
짙은 구름으로 이어졌던 기나긴 며칠의 침묵
오늘 햇살 충만한 허락된 하늘은 참으로 눈부시다
토실토실한 애호박 하나 건네주었던 아침
반장댁 밥짓는 냄새가 좋더라니
기별 없던 아랫집
거미줄 친 대문이 활짝 열린다

상사화

비로소 비우고
분홍빛으로 물들어라

성스런 한나절
푸르게 왔다가 시들어

내가 죽고 네가 태어나
황홀하였어도

아린 사랑 없이
사랑이라 말하지 않으리

떠난 자리
너의 심장으로 꽃 피어

천만년
너를 볼 수 있다면

그 자리 오롯이 서 있겠네

02.

손톱.
위에.
뜬.
달.

사방 어둡고
첫 별
조용히 빛나면
침묵에 눈물 마른 어둠이 스르르
눕는 시간

행복

살면서
가장 절실한 순간은
지금이요

살면서 가장
소중한 사람은

한송이 꽃으로 다가온
당신입니다

나들이

생애 지나지 않은 해안선
희미한 낮달 산허리에 걸쳐두고
스르르 물안개에 취한다
떠난다는 건 분명
축복이다
마음에 짐 다 내려놓고
아스라한 남도
비릿한 바닷냄새 도취하여 끝없이 그 끝을 향해
질주하고 있다
산다는 것은
짧고도 긴 독백 같은 여행이다
길 위
여름 영그는 해풍의 길목
갑오징어 햇살에 말려가고
기다랗게 누운
어느 해안가 선술집 목로에서
마시는 여유로운 술 한잔
아직 만나지도 담지도 못한 흥분의 기대에

아~
내가 살아있으매
아직 봄날은 멀어라
눈감고
새로운 황홀 속 세상 향기 담으로 그곳으로
빠져들고 있다

직선의 시간

지난 시간을 소환하듯
살포시 적은 아침이 그대에게
다가와요

사선에 걸려 있는 물방울
한 점

새벽바람이 지나는 풍경 아래
축 처진 무거운 공기는
몸조차 가눌 힘을 잃어버려요

가슴 구석구석 무엇인가
찾으려는 절박함
새로이 갈구하는 몸짓은 언제나
어색해요

저 천 개의 바람 속

낯선 풍광들이
하나의 바람으로 존재함은
아직 붉은 숨소리가
남아 있기 때문이에요

오래전 그랬던 것처럼
구석진 나무는 언제나 환한
구석을 그리워해요

뿌리 내리지 못한 빗방울처럼

오후
4시

바람 지나는 들길에는
망초 꽃 흐드러져
아스라이 기억을 더듬는다

낯선 이방인의 고독처럼
스쳐가는 바람은 언제나 허하다

장맛비 긴 하루 눅눅한 낡은 벽체는
떨쳐내지 못한 생각들이
젖은 전단지 처럼 아주 낮게 눕는다

구부정한 하루가
버리지 못한 삶의 욕망을 접고

빗물은 강물 되어 깊어져
내가 네게 돌아가야 할 시간

흐린 풍경 속은
안개의 입자 되어 내 몸을 허문다

비로소 따스한 바람에 하루가 저물다
그 어디쯤 나
한 그루 나무로 서 있네

열망

여린 살갗
붉게 올라

이내
붉다

소리 없이
점점 옅어져

그렇게

빛으로
서러워할

붉은빛 언어

밀알

파닥거리는 지느러미
부서진 하얀 파도
뭍에 흩어져

빈 가슴 새겨진 멍
파여간 시간과
흔적들

비우고 비우다
쪼그라든 몸

질척해진
절규의 바닥 위

지문처럼 새겨진 한낮
내 안에
또 다른 썰물이 싹튼다

손톱 위에
뜬 달

담장에 안긴 마을은
언제나 여름이 먼저와 익는다

텅 빈 대문은 녹물로 시간을
삭히고
축 처진 우편함에 고지서는
빗줄기에 멍울져

낮은 창으로
잡화 차를 기다리는 사람들

몇 차례 소낙비 지나
설익은 개 복숭아 바람에 떨어지면
탐하던 떼까치 소리
한낮 지나가고

어떤 흔적도
마음에 매달린 집착도
한 알의 진통제가 통증을 삭히듯

골목의 하루는
성스러움으로 길 끝에 길을 만든다

사방 어둡고
첫 별
조용히 빛나면
침묵에 눈물 마른 어둠이 스르르
눕는 시간

머나먼 나라
그 사람의 안녕을 묻는다

어머니의 뒷모습

한 줄기 빛으로 다가와
시린 몸짓으로 돌아섰던 길

오랜 동안
낡아져 잊혀질 줄 알았는데
떠나지 못한 미련에
아파서 죽을 만큼 아파서
눈물조차 마르더라

하늘 보며
헛웃음이 울음 되어
아무것도 끝난 것 없이
단지, 멀리 있을 뿐이라고
믿는 시간

열병 같았던 지난 세월
그 아픔에 아픔을 더하니
살아지더라

어느 날
수많았던 이야기들이
꽃잎으로 흩어지면

그때
그대 사랑에 넘치도록 피었다
졌다고 말하리

비워진
자리

잿빛 하늘가
밀려오던 열꽃도 한줄기 소낙비로
달궈진 자연을 삭힌다

허허로움으로
가슴 젖은 습한 한낮

붉게 태우다
울컥 쏟아졌던 눈물은
쪽 창의 그림자로 야위어가고
눈을 감고 귀를 가둔 채
쉼 없이 뛰는 맥박의 요동 소리에
존재를 찾는다

살아가기 위해
또 하루를 내려놓고
선물 같은 이 하루
비워진 가슴 따뜻하게 보듬으며
백지 되어 눕는다

마음 나누고 싶은 날
발길 지나는 담자락은 선홍빛으로
꽃피우고
해무는 광야를 잠재운 채
산을 오른다

네가
보고 싶은 날에

벌어진 담장 사이
적막을 가둔 채 한 사내의 축 처진 어깨가 끼어 있다

눅눅한 비 갠 한나절의 자국은 주름진 시간만큼이나
고스란히 눈물로 그려져
눈꺼풀을 겨우 떼서야 새벽은 긴장을 풀고
긴 하품으로 하루를 시작한다

조였다가 풀고 더 조여진 시간 앞에 차가운 기운은
지친 하루 생의 한낮을 안주 삼아 한잔에 별을 채운다

부식된 세월 앞에 점점 얇아져 가는 맨가슴
지난 삶이 산통처럼 아리다
고요 속으로 빨아들이는 이 밤은 한 줄의 문장이
절실했던 어제의 고통을 삭제한다

오늘도 산 능선 뻐꾸기 소리
귀 기울이는 남자
담장 넘어 마삭줄 위로 적당히 바람이 불고
감나무 등짐에 호박넝쿨 오르면
언제나 꿈속에 그녀가 다녀간다

빈
소쿠리

밤 길다, 억지 부리며
어둠을 낮처럼 억척같이 일만 하시던
반장 집 아줌네

억수 장맛비 내리던 날
손발 저려 끙끙 알 터니
나 좀 살려주소
나 좀 살려주소

세월을 원망했던가

새벽이 하반신으로 내려와
꼬부랑 영감 등에 업혀
4륜 오토바이 몸 실으니
너도 내신 새인 양
거친 숨소리 요란스럽네

천금 같은 내 몸뚱어리
폴싹 삭도록
일만 하던 반 세월
벌어 놓은 금쪽같은 내 돈
죽 쒀서 개 주네

엑스레이 신이 나서
요리 찍고 저리 찍고

꼬끼오
새벽 알리는 저놈에 수탉 소리
으메 사람 잡네

손을
잡아 줄게

곧은 줄기마다 하얀 미소가 햇살 담아 허공 위에
한낮을 거닌다

하루의 시작, 날개도 펴지 못한채 돌아서는 내 바퀴
육중한 몸

네모난
사각의 텅 빈 거리

신호등의 그림자 아래
무표정한 얼굴은
한 줄 모자란 문장처럼 늘 한 곳이 춥다

그래서 여름의 하루는
그림자로 올라 그림자로 눕는다

메마른 황토 땅
잡초의 끈질긴 사투는 실직자의 눈물만큼이나 외롭다

옹이 가지에 걸친 뭉툭한 호미
한 자루,
하루가 지친 발가락만큼이나 파문처럼 번져 멍이 든다

낮아지고 싶었던 날

너, 이 하루가 외로운가
슬프면 슬픈 대로 붉게 물들어라

시간의
모태

새벽이 헐벗어 뭍에 오르면
햇살에 발한 초침은 하루의 시간을 촘촘히 접어
어둠 속으로 묻는다

산 아래 뻐꾸기 구구구
찔레꽃 피어 슯다 울어대면

블록과 블록 사이 긴 골목길
휑한 담자락의 그림자만 꾸덕꾸덕 시간을 빚는다

꿈을 꾸듯 그 옛날
꼬깃꼬깃 주머니 속에 잊혀진 약속처럼

세월 속 빛바랜 언어의 촉감은
한 세월 극적인 사랑처럼
시간의 농에 젖어 되살아난다

우중충한 하늘이 금세 요동쳐 누군가 급히 이 시간을
벗어난다

어쩐지,
밤새 개구리 울더니

자유하다

숲 속의 풍성함이 채도를 낮추어
초록 사이사이마다 빛의 파장으로
울창한 숲을 번성시킨다

옥상 위 바라보는 홍 영감의 시골 풍경
먼 시대의 신선보다 풍요롭다

어깨를 부딪치며 지나는
한 줄기 바람

감잎은 후두두 몸을 털고
하늘로 오르는 호박 줄기마다
육중한 안테나는 노란 주파수를 방출시킨다

허상처럼 한 무리 꽃들이 지나간 자리마다
뽀로로 봄이 지나가고
너의 안녕을 묻는다

봄날의 연으로
멍들어 갈 보리수 열매가 햇살에 곰삭고
땀내로 끈적이는 하루가 여름 속으로 달린다

몇 겹의 인연으로

아직 새벽은 멀고

축축이
억눌린 허공의 한낮
각질처럼 굳은 하루가 회색빛에 꾸역꾸역 눕는다

숲의 고요 속
마음에 이는 상념들을
내 시선 안에 가두어 놓고
헤아릴 수 있을 만큼만 남겨두고 몽땅 접기로 했다

내면의 이글대는 추한
찌꺼기들
오늘을 질주하는 모든 것들이
모두가 위태롭다

의연하게 걷다 불현듯 다가서는 깨진 유리조각처럼
하루가
반 토막 말라져 가는 지렁이 몸통처럼 필사적이다

꽃진 흉터처럼
오랫동안 간직하고 살아가야 할
운명 같은 아픔 상처,

몇 번을 지워야 잊혀질까
몇 번을 겪어야 웃을 수 있을까

왈칵 눈물이 났다

무심히 걷다 멈추어선 건널목
빨강 신호등 위 희미하게 비추는 달빛이 처연하다

환장하게 슬퍼서 아름다운
그대라는 사람 앞에

선물

곱게 접어
비 되어 다가선 오후
이렇게도 가슴 뛸까요
진정 사는 동안
햇살보다 맑은

아침의 소리보다
더 소중한 사람아
태어나 가장 소중한 오늘이
당신입니다

책갈피

쑥 냄새
피어올랐던 그해 여름

내 누이 등에 업혀
걷던 시오리길

열
손가락마다

눈썹 닮은 달이 떠
붉어진 꽃으로 피어나

솜사탕처럼 달콤했던
그 하루가

먹먹한 그리움만
발밑에서 나뒹군다

초대한
이 아침

수많은 회한이 저마다
뼈마디마다 짙게 채워지고

당신으로
새벽 잠든 풍경 위로
문체文體의 신열을 어루만지는 시간

1초보다 더 진한 하루살이
생처럼

파문치는
매 순간
찢어내지 않으려는 몸부림

이런 내게 그대가 있어
참, 다행이다

하얀
정사

꽃잎 움츠리는 순간
아찔한 전율,
예감이라도 했던 것처럼

서투른 몸짓
네 그림자에 쓰러져

성스런 비밀 속
선명한 지문 하나

쉬이 돌아오지 못했네
해 저문데

좌판

도로 구찌 모자에 동그란 안경테가
어울리는 김영감
남루한 옷소매는 그 사람의 오래된
바코드 같은 흔적이다

트럭 안 웅크리고 먹는 차디찬
한 끼의 밥은
허기진 세월을 달래고
짜디짠 쉰 김치 한 조각은
발효시킨 삶의 뭉크러진 눈물이다

나무 가지는 잘려 누구인가 손에 쥐어져 어디론가
사라지고
이글대는 8월 태양 아래 시들어가는 청춘은
궁핍한 주인의 한 모금 목축임을 기다린다

백옥같은 적삼의 결처럼
꽃 진자리마다 서둘러 열매 맺고

하얗게 짓눌린 등줄기마다
잘려나간 가지 처럼 유배당하기 싫은 까닭에
돌아서 울컥울컥 슬픔 토해내

아직은 눕지 않을 하루는 더
붉게 익어간다

내 이름
석 자

풀지 못한 부호들이 밤새
몸을 뒤척이다
새벽이 걸린 창호지에 진득한 땀방울로 배어난
자음들이 자리공* 붉어지는 시간에
또 다른 부호를 매단 체 삭힌다

애벌레처럼 꿈틀꿈틀
소멸한 기억을 소환하여 하얀 여백에 채우고

마음에 걸어둔
눈 시린 슬픈 자국들은
막혔던 수액을 팽창시켜 문장을 이루어 파닥인다

기억을 탐색했던 시상의 촉각

아직 오르지 않은 묵시로
발아할 기억을 더듬어
삼투압의 모진 힘으로
생의 한 산문을 빨아 올려 부활한다

얇은 살갗의 꽃잎처럼

** 자리공: 석죽목 자리공과에 속하는 여러해살 풀*

노을빛

노을 한자락이
꽃으로 다가와
나는
그대 꽃이 되었네

그 고운 빛깔
어찌 어찌 못하여
심장 깊숙이 파고들어
내 가슴에 타오르네

노을이
별이 되려는 까닭은
차마
거두지 못한 이별이려니

초연히 핏빛으로
아스라이 사라져
달빛으로 소소*昭蘇** 함이
찾아드네

** 昭蘇: 어둡던 곳이 밝아지고 죽었던 것이 되살아 나는 것*

그늘

뜸 북 뜸 북새 소리 슯다

못다 읽은 마지막 페이지 속의 비밀 하나
지천으로 망초 흐드러지게 피던 날
지나간 흔적의 파편들이 각혈 중이다

생의 구멍 난 남루
까맣게 역류하여 비문에 걸쳐두고

홀연히 흩어 놓은
허물 같은 눈물 자국마다
하루의 기억이 저문다

살다가 살다가 서러워했을 끝자락에
대롱이던 풍경 같았던 굴레

내 아버지 그림자가 빠져나와
저 질긴 한 그루 푸른 소나무로 서 있다

몇 시인가요

허공 위에 날개를 펼친다
길고 곧은 날개
단 하나의 길만 있기에

오늘도 꿈으로부터 헤어난 시간
밤은 참으로 짧습니다

괜찮은가요
창가에 잠시 머물다 사라지는 상념들
무채색 빛으로 수천 번 태어나고 사라지는
허기지고 허허로운 가슴

차가운 새벽 공기
또 하루 이슬로 사라지고
못내 아쉬워 떠나지 못하는 까닭입니다

나 견딜 수 있는 하나의 꽃으로 피어
너는 향기로 내 가슴 품으며

터전

녹슨 처마 구석
단단히 움켜진 작은 집 한 채
5년째 누군가를 기다리던 그 자리에 드디어
새 주인을 맞이한다

허공 위 적막 속에 걸터앉은 바람이
낭창 하게 들리는 까닭은 무엇일까
헝클어진 집 보수를 마치고 드디어 허물을 벗는다

새벽은 다시 일어나
구석진 아린 살점이 하늘 향해 몸을 세우고

날지 못했던 창공 속
힘찬 날갯짓으로 날아올라
저 질긴 모성으로 둥지에 새 생명이 태어난다

사라지고 태어나는 반복되는 경계선에서 한낮 포개진
그림자처럼 우리도 하루를 풀어놓고 거두며 공존하며
살아간다

늘 돌아가야 할 포근한 밤이 있기에

03.

자작나무.

숲.

비단 같은 허물 벗기며
온몸으로 다 견디고 나서야
8월의 숲은 눈이 내린다

숨결
생의 남루
인생의 실루엣
낡은 장화
사랑의 밑그림
이름만으로
삶
자작나무 숲
안테나
산문山門
바위에 핀 생명 하나
갈 길 멀다 생각되면
무스카라
지금은 통화 중
마음 부비는 봄날
고장 난 네비게이션
차마 밟을 수 없어
그대 그림자 되어
봄날 한 장 넘기며
당신
꽃을 피우는 사람
엄마의 정원
그대에게 온 까닭
그냥 가면 돼요
봄 풍경

숨결

오월
햇살 아래

꽃과 벌
분주한 날

바람
한점에도

모두가
그리움이더라

생의
남루

물확 속 빽빽이 군생하는
개구리밥 위로 늘씬하게 오르는 부들
바람에 부들부들 하늘거리며 하늘을 더듬는다

십여 년 전
야심차게 야생화체험장을 계획하고
남도의 끝으로 다가섰다

욕망의 덫이였을까
빗나간 시간은 유영하듯
오금 시리게 구멍 난 내 잎맥을 갉아먹었다

어금니 깨물며 살아온 된서리 같은 세월

어디 멍드는 게 단풍뿐이랴
짓물렀던 많은 생각을 도려내고서야
너와 나 약속들은 모두가 한낱 간절한 몸짓에
지나지 않았다는걸

서슬 같은 시퍼런 감정들을 꾹꾹 눌러 눕는다
사선詐善의 경계 넘어 쳐다도 보지 말자며
그것이 자신의 남은 마지막 찌꺼기일지라도
커다란 욕심이라고

오월 숲 사이 별이 지나고
나는 잎파리들의 촘촘한 지문에 길을 묻는다

인생의
실루엣

삶에 절인 구멍 난 양말에
오싹한 찬 공기가 빠져나간다

백발 노모는 고추 모종 앞에 연신 속주머니 뒤적이다
이내 꼬깃꼬깃한 만 원짜리 한 장으로
튼실한 봄을 담는다

쉴 새 없이 깜박이는 붉은 점멸등
산다는 것이 언제나 위태위태한
시퍼런 찰나의 연속이다

요리조리 주차 공간 염탐하는 승용차
비상등이 겨우 멈추고서야 긴장을 푼다

오직 생존만을 위해 삐거덕거리는
허기진 삼류도시의 등짐
머무는 곳과 떠나야 할 곳은 감성의 축이 존재한다

변해가고 사라지는 잔재 앞에서
온몸으로 다 견디고 나서야
고단한 하루가 저문다

못다 한 정 짧아 서럽고
잊지 못할 그리움 길어서 서러워
인생은 오직 앞만 바라볼 뿐 뒤를 돌아보지 않는다

낡은
장화

안개 깔린 능선은 묵묵히
그늘을 끌어안고
그들만이 이야기를 나눈다

기다란 새우젓독 위
사색하며 웅크려 앉아 있는 청개구리
세이지는 살랑살랑 바람의 몸짓으로 남몰래 향기로
스며든다

흠뻑 젖어도 좋을 아침
물방울은 아름다운 기억만
소환한 채 주르륵 흐른다

누군가 가랑비 내리는 골목을
바삐 지나가고
비밀 하나쯤 간직한 녹슨 우편물은 외면당한 사연만
허공을 맴돈다

오랜 시간 머물다 간 고랑 마다
허하여
부풀었던 약속 시린 멍 자국들
문틈 사이로 긴 한숨 소리가
음각된 표정으로 새겨져 아프게 지나간다

쓰지도 못한 여백의 사연처럼
바람이 외면당한 근심만 어루만지며 다독인다

—농민의 애환을 담아

사랑의
밑그림

와락 안고
종일 함께 울어줄
단
한 사람

그 사람이 바로
내 이름 곱게 불러주는
당신입니다

—효진, 이야기 1

이름만으로

울컥,
너의 꽃잎 같은
모습이
내 마음속 시시때때로
헤집고 들어와
잠 못 들게 하는가
아 어쩌죠

—효진, 이야기2

삶

갈고리 같은 몸으로
숨 쉬는 것조차 힘든 비탈 오르면
힘겨운 심장 소리 요란스럽다

겹겹이 훑어간 세월
위태롭게 늘어진 허리의 등짐
천근 같은 농사철 봄이 또 왔다

바람 한 점에도 곧 날아갈 것 같은 깃털 같은 몸
기다란 밭고랑이 하늘 향해 곧 일어설 모양새다

울엄니 앞에 마늘쫑은 깊이 박힌 전봇대만큼이나 버겁다

끈적끈적 절인 적삼의 땀내
훙건히 닦아내야 할 한나절
짙은 하늘은 금세 한바탕 비가 내릴 모양새다

천둥 번개 지난 자리
비바람 거세고
혼자 견뎌야 할 고통마저 덤덤하게 받아들인다

긴 하루가 차곡차곡 포대 속 담기고
옹이진 언덕마다 육 쪽이 여문다

자작나무
숲

마음이 메마른 시간이 찾아오면
홀로 숲을 걷는다

저 작고 낮은 초록 사이로
햇살 삐쭉 내려다보이는 숲

하얀 결 따라 하늘로 올라
함께 하늘로 오르네

거세게 부는 바람의 언어
하늘과 바람만 주인이 되는 곳

홀로 외롭지 말라고
뜨겁게 안아주는 수목들은 일제히 여백을 향해
수액을 토해낸다

희디흰 순수의 표정으로
긴 바람 지날 때마다 또 다른 흔적을 남기고

비단 같은 허물 벗기며
온몸으로 다 견디고 나서야
8월의 숲은 눈이 내린다

자작자작 속삭이며

안테나

사라진다는 것은 다시 태동할 준비의 시작이다

어느새 빈 정원에는 녹색 잎으로 가득 차
꽃 속에 벌들도 분주한 하루
녹슨 우체통에는 공과금 고지서가 수북이 쌓여만 가고
햇살에 갑오징어 뽀덧하게 말려갈 쯤
최 영감 헛기침 소리 요란스럽다

담쟁이 이파리에 몸이 묶인 항아리
장 맛본 지 오래다

길다랗게 흘러내린 쇠파이프의
녹물 자국은
고령이 지켜온 삶에 흔적,
안테나는 새벽을 이기지 못하고
오지 않을 소식 기다리다
어둠을 끌어안고 깊은 잠에 빠진다

또다시 온몸을 꽃으로 치장할 오월이 시작되고
비 내린 뒤 근심 안 해도 좋은 시간
무소식이 희소식인 양
저 머나먼 그곳에서 향기 날리는 날

부활의 희망을 꿈꾸며 오늘도 내가
허공에 서 있는 까닭이다

산문山門 *

달콤한 새소리가 들리는
이 아침,
몽환적인 안개가 몸을 감싸고
주인 있는 담장 넘어 몰래 와 걷는 기분
길은 저 멀리 안개로 사라지고
내가 걷는 이 아침은 안개도 따라 걷는다

비단 안개가 눈물을 삼키고
유리알 수정같은 모습으로 또 그렇게 다가 온다
그림처럼

봄의 태양은 호수에 생기를 불어놓고
온 천지는 새록새록 초록 잎으로
다가와
눈으로 먹는 이 아침이야말로 달콤하다

작은 보석상자에 놓인 보석처럼 하늘 아래 바람이
시간의 초침으로 돌아간다

음표보다 쉼표가 어울리는
오묘하게 자금 자금한 모든 것들의 조화로움이
마치 엄마 품속에 있는거 같아
마냥 좋은 오늘은
그냥 눈물이 왈칵 날 것 같다

바하의 칸타다가 흐르고
눈을 감는다
어떤 미련도 욕심도 없이…

** 산문 : 산의 어귀*

바위에 핀
생명 하나

생명 하나 존재하기 위해 기꺼이 작은 씨앗은
풍화된 바위틈에 잉태해
천 번의 시퍼런 서슬 같은 물살에 버티고 버틴다

오가는 사람들의 발걸음 소리가
희미해질 때면 외로워 울컥 슬퍼서 울음 토하고
제 구멍에서 숱하게 꿈틀꿈틀 거렸던 시간

바스락 부서질 한나절
물길 소리에 발의 운명을 묶어두고
그렇게 또 다른 생명을 틔우기 위해 맨살을 긁었다

기나긴 세월 동안 힘겨운 이별과 이별이
운명처럼 교차하고 어느새 성스러운
십자가의 불빛처럼 널따란 바위 한복판
마침내 눈부신 하얀 꽃이 오른다

한 시대를 존재한다는 건
시린 고독은 식물도 매 마찬가지다
잠시 길 멈추어
흐드러지게 핀 너의 아름다움을 담는다

한 줄의 시보다 진한 존엄한
생명 앞에서

갈 길 멀다
생각되면

세찬 바람이
행선지를 멈추게 했다

파래는 썰물 빠진 바위틈에
몸 의지한 채 종일 햇살을 핥는다
물때 낀 녹색의 생명은
바닷사람의 허기를 채워 준다

긴 세월 동안
뭍에 뿌리내린 갯방풍은 지친 파도를 향해
넉넉한 몽우리를 터트린다

검게 그을린 뻘밭 귀퉁이
모래알 같은 한 생生 잠시 머물다 빛바랜 폐선박 한 척

썰물은 또 그렇게 약속인 냥 밀려오고

낡아져 가는 육신은
등짐의 무게만큼 공허한 방 한 칸에
하루의 쉼표를 내려놓는다

무스카라

아~
그렇구나

그대
상큼한 목소리

봄날 따뜻이
가슴 설레다

살랑살랑
너의 소리 들릴 것 같아
귀 기울이며

이내 숨죽이다
그 하루 가네

봄날
봄날에

지금은
통화 중

새벽 짙은 안개는 엷어진 틈 사이로 노란 나비 되어
날아 오른다

흐려서 오히려 선명히 들려오는
그대 음성이 꽃으로 피어나는 아침

돌 틈 사이
버들치 떼 부산하고
한가로이 노니는 새들의 소리
잠시, 움켜쥔 마음 빗장 풀고 강가에 시선이 멈춘다

주어진 시간 속
파문처럼 사념으로 가득 찬 하루가 삭제되고 지워 진다

꽃은 저마다 때가 되면 피고 지듯이 우리는 서로 홀로
한 그루의 나무가 되어 묵묵히 서 있는 까닭이다

돌다리가
강물에 놓여 있는 것처럼

마음 부비는
봄날

맑고 깊은 뒤에는
비밀의 지문이 존재한다

꽃길만 걸을 줄 알았던
숱한 세월 속에 교만했던 시간
세상사 산다는 게 매사 불안하다

꽃이 아름다운 건
그 환경 속에서 끝끝내 한빛을 향하여 피기 때문이다

유채꽃 짧은 봄날
숨 막히도록 자지러지다
먼 산 연초록 칠하고서야 봄은 한 시름 놓는다

고된 하루가 빨강 점멸등 속으로 밤을 가두고
그대 남긴 문자 한 줄이
시보다 진한 화려한 꽃으로 태어난다
오랜 시간 동안…

고장 난
네비게이션

꽉 찬 불순물이 강가를 흐린다

하늘은 묵직하게 육신을 억누르고
고요한 새벽 찬 공기
하루 시작은 게으름으로 가득하다

커피향기를 담아 삼나무 밑에 서서
새소리 바람 소리로 흩어진 상념들을 추스른다

매일매일 그 환경 속에서 길든 식물들은
제각기 헛되게 소비하지 않는다
그저 그 자리에서 묵묵히 온 힘을
다할 뿐이다

자연을 탕진하던 인간은 하루 길을 잃어버렸다
막다른 길 위에서 처음 그 길로 돌아가라지만 막막하다
재탐색이 불가능한 우리다
그저 골뱅이만 맴돈다

통제 불능
낙화하는 모습보다 가벼운 우리네 현실
발작하는 기침 소리에 더는 갈 수 없는 길
찢어내고 싶은 하루가 아프다

차마
밟을 수 없어

토할듯한 몇 십 리 벚꽃 길
긴 호수 위 흐드러지게 피어 있다

행여, 비 내리고 꽃 질까
무너질 근심 안 해도 좋은 날
사라지는 꽃과의 이별
어둠은 고인 강가를 덮는다

이 순간 모든 생각 접어두고
작은 꽃 무리가 된다
새로운 오늘이 태어나고
시선이 초점 속 멈추는 순간
또 다른 세상이 태어난다

곧
사라질 흰 자리
불어오는 바람 슬퍼서 그 길
서성이고 있다

그대
그림자 되어

봄비 후두두
접었던 나뭇가지 새움이 돋았다

누워있던 허브는 일제히 기지개를 펴고
길게 누어진 빨랫줄처럼
마음의 사선이 허공에 찰랑거린다

머나먼 이국 시린 목소리가
이 아침 하루의 무거운 걸음처럼
허하게 내 앞에 서 있다

봄 내리고 천만 송이 꽃 자지러지는데
빗장 걸어 잠긴 온 세상

너 혼자의 아픔이 아닌 거야
누구나 와락 울고 싶을 때 있지
오늘처럼 그대 등 뒤에서 함께 울어줄
나도 있어

봄날 한 장
넘기며

긴 겨울 빗장 풀면 고슴도치는 움츠렸던 허리를 편다

시샘하듯 할퀴고 간 꽃샘추위
지나간 흔적마다 빈 깡통처럼 거리가 휑하다

50m 주차금지 구역
감시 카메라 아래 힐끗힐끗
음식 쓰레기봉투 염탐하는 고양이의 날카로운 눈빛

보도블록 사이 작은 풀잎은
떨어지는 물방울로 통통히 살찌운다

누워있는 잿빛 거리
영혼 잃은 도시의 하루는
갱년기 얼굴처럼 화끈거리다 금세 식어버렸다

내가 아파할 시간 없이
춘삼월 하늘은 떨어지는 꽃잎에 뒤척이다
매정하게 꽃 지겠다
다시 기다려 할 봄이 허허롭다

당신

너는 그곳에 서 있고
나는 이곳에 서 있어

볼 수 있어도 만질 수 없어
들을 수 있어도 향기를 못 맡아

애리는 슬픔
그래서 더 보고 싶어

기꺼이 툭
견디지 못하고 떨어지네

다행이다
내가 아닌 꽃이어서

또 가슴이 뜨거워져
어찌하려고

꽃을
피우는 사람

천근만근보다 힘든 계절
봄비가 감염된 세상을 잠재운다

아직 눈꺼풀 떼지도 않은 다육
봄비에 촉촉이 몸 젖신다

숨 고른 이른 아침
빗줄기에 꽃망울 터트리는 산벚꽃
새초롬한 붉은 잎 새롭다

지독한 코로나에 폐쇄된 그들에게
위안이 되고자
나는 절망에서 피어나는 한 송이 꽃이 되었다

살랑이는 수선화
바람으로 입 맞추고
행복을 담아가는 저 사람들
작은 식물로 위안을 전하는 내가 더 행복하다

바이러스
소리 없이 땅속 깊숙이 가두어
세상으로 모두 갇힌 몽우리 속에서 활짝 개화하는
오늘 이고 싶다

그대 머문 자리 그 흔적 속에서
보슬비 내려 여린 꽃 곱게 피는 봄날에

엄마의
정원

당신이
꾸며놓은 뜰 안에

당신의
향기가 가득 피어났고

당신
떠난 내 마음속에

언제나
당신의 미소 닮은

소담한 보리사초가
가득 피어나고 있지요

그대에게 온
까닭

봄 그림자 위에
편지를 씁니다

내가 당신에게
눈부신 아침이 되고자

산 능선 낮게 기대어
몽환적 풍경 내려놓고

아직 깨지 않은
그대 새벽녘
봄 안부 두고 갑니다

그냥
가면 돼요

낮게 깔린 운무에
기댄 나지막한 야산들

여린 햇살에 습기 말린
이른 아침
끝 모를 쓸쓸함으로
비어있는 서너 마지기 다랑논이
적막하게 누워 있다

갈대는 바람이 불어오면
가장 낮은 자세로 서로 의지한 채
아픔을 견디며 살아가고 있지

저 멀리
평화보다 고요한 호숫가
반짝이는 윤슬과 풀잎
높이 오르는 솔개의 날갯짓

공존하는 모든 것들이
흑과 백으로 교차하여 천 개의
바람꽃을 그린다

바람 스쳐
가슴 헤집고 아프게 했던 지난날도
돌아보니 한낱 바람 같더라

봄
풍경

보내지 못한 춘삼월 한가지 슬픔은
가슴에 꼭꼭 숨겨 놓고 아직도
비우지 못했나 봐요

까닭없는 눈물비 내리면
그 눈물 자국 뒤에 또 다른 그림자가 새겨져 있는
까닭을 모르겠습니다

지난여름 묵정밭 흐드러지게 핀 질긴 그리움처럼
달빛 내려앉았던 개망초 꽃 사연도
이제는 알 것 같습니다

3월의 문 밖은 아직도
찬 바람이 한참입니다

스쳐 지나간 빗방울은
여뀌 새싹을 적시고 스르르 땅속에 스며듭니다

04.

삶의. 흔적으로. 말할. 뿐.

그렇게 계절은 어김없이 다가와
꽃과 잎들은 지천으로 오르고
봄은 소리 없이 우리에게 다가선다

경칩

긴 밤
깨어나

그대
생각하며

내 안에
그리움 깨운다

자스민

꿈길에서 만난
달보드레한 꽃 향

가슴 한편에 보듬었는데

만질 수도
가질 수도

없는…

이 꿈이 깨면
방울방울 맺힌 행복은
사라지겠지만

정말 오랜만에
설레어 본 이 느낌은

아마도
영원히 기억 속에
지워지지 않는
자스민 향기처럼

촉촉이 여리게
너의 이름 담으리

꿈속이라도 좋다

다시 오는
봄

익어가는 봄 햇살에 공작초 금잔화 백일홍 채송화가
뿌리내리고
뒤란 양지녁 도란도란
양지꽃 핀 까닭을 알겠다

시선이 닿는 곳
오목하게 풍기는 상념들
모두가 감동이고
마냥 가슴이 따뜻해진다

피사체의 흐트러진 사선으로
잠들지 못했던 지난 시간의 비늘들
정녕
어디에도 바람은 오지 않았다

지난겨울
스투키의 비밀이 파란하고
눈물같이 잘린 채 초록으로 움트는 이야기가 필요했다

안간힘 다하는 시간
창밖에 비가 내리고
누운 부호들이 배회를 한다

골목을
검색하다

한적한 그 골목길을 걷고 싶을 때가
종종 있었다

2길 27번 골목에서
마을 번지수 끝나는 지점까지
둥글둥글 담자락을 감고
모퉁이에 안긴 마을
5년의 세월
능선 넘어온 바람 냄새를 맡으며
걸어왔다

지나다 만난 사람들 몸에서는
조물조물 간 맞춘
푸성귀 같은 냄새가 난다
미운 얼굴로 지나칠 수 없는 골목은 이유가 왜 필요할까

나무들의 고향처럼
숲같이 사는 사람들

어귀에 앉아 재주 없는 시를 쓰다
시어들만 잔뜩 흐트려 놓고
못다 쓴 습작
네 자리로 돌아가라
노을이 붉게 떠미네

길을
묻다

몇 달째 비어 있는 영암댁
녹슨 편지함에는 지난 사연만 덩그러니 놓여 있다

춘삼월 붉은 동백꽃 한참이다

기별 없는 하루가 다가서고
내가 나에게 위로받고 싶은
텅 빈 시간
이유 없는 눈물이 글썽인다

제 몸 깎아놓은 능선은 과묵히
누워 있고
수 천 그릇 나무는 일제히 새들을 불러 모아
정원을 이루었다

너는 노을을 탐닉하고
노을은 단숨에 나를 안았다

나무가 나무답게 살아있을 때
나무의 고마움을 사람들은
모를 테지
예리한 칼로 수피를 긁혔던 몸은
알 것이다
긁혀진 횟수만큼 잘린 껍질의 쓰라림
배어 나온 송진의 상처는 붉다

한 그릇 나무가 지나는 길
다시 하늘로 시선을 두는 까닭은
능선 너머 비밀을 묻는 이유다

향수

가다가 멈추어서서 그곳에 서성이다
울컥 가슴 멘 문살 안

부뚜막
가마솥 흘린 눈물 한 줌으로
깨진 장독대 밑 패랭이꽃으로 섰다

구구 소리 앞산 메아리 정겹던
산비둘기
세월 따라 어머니곁에 잠들고

휘영청 밝은 달빛
시린 문고리는 누워
기나긴 밤 자락에 얼굴 묻네

가슴으로 기다리시던 아버지는
어디에서 나를 기다리시나
감나무에 걸린 달 외로워

텅 빈 가슴만 붙들고 있네

삶의 흔적으로 말할 뿐

긴 겨울 문고리 꽁꽁 걸어두고 있었다
고독 속 군중의 몸부림

저수지 둑 아지랑이 자지러지던 날
동백꽃 매화꽃 유채꽃이 한창이다

세상사 누구나 상처 하나쯤 간직하고 살아가지만
우리는 그런 세월 속에 또 누군가 만나고
연으로 세상을 안고 산다

그렇게 계절은 어김없이 다가와
꽃과 잎들은 지천으로 오르고
봄은 소리 없이 우리에게 다가선다

부산한 속에서도 나무는 저마다 홀로 서 있다
삶도 결국은 피었다 지고 그런 자연 속에서
혼자 접어가는 것이다

색종이 접듯이
잠시 그 시선에 머물 뿐이다

철조망

고리 풀린 개가 온 마당을 헤집었다
목을 조인 해방
모진 시간의 고통
무조건 부산스럽다고 개만 다그쳤다

인간이 만든
창살 없는 감옥이 인간을 통제한다
말을 할 수 있어도 말을 못한다

통제 밖에 바이러스가 목 조임보다
더 아리게 파고든다
말 없는 아우성
증오와 분노
마스크는 오직 입을 봉할 뿐이다
묵묵부답이다

봄

이름 모를
풀꽃

담자락에
봄
한 줌

걸어두고 왔지요

봄날에

사구에 바람 지나간 자리마다
봄 햇살 안고 아지랑이 오른다

절벽 난간 고목은 파르르 새싹을 재촉하고
풀잎은 들녘에 소복이 뚫고 올랐다

봄날 꽃잎 날리면
어찌 여자들만 쓰러지랴

갓 잠에서 깬 나비는
꽃송이에 쓰러지고
향기 취해서 돌아 갈 곳 없는 너

한 계절
나 당신 가슴 꽃피우고
당신 내 가슴 꽃잎 져
무너지는 마음 내 어찌하랴

잉태

바닷물은 물길을 찾아 천천히 밀어 올려
지나간 갈매기의 지문을 지운다

지나친 그 길은 언제나 마음 속 비밀 하나를 숨겨 놓았다
바닷물이 찰랑찰랑 일어서자
섬은 잔영을 모아 하늘을 향해 주파수를 쏘아 올렸다

꽃들은 지상을 향해 일제히 몽우리를 열고
날숨을 토해낸다

쏟아지는 봄 햇살
꽃 핀 자리마다 눈물 한 방울 흘린 사연 하나쯤 없으리
피고 지는 이 지상 아래 수많은 발자국
그런 사연으로 사람들은 얼마나 흔적을 남겼을까

생명을 남기려는 고된 벌들의 날갯짓
꽃들은 일제히 그들을 향해 또다시 주파수를 쏘아 올린다

밤을 지키는
이유

사람들은 저마다 외로운 짐을 하나둘씩 들고 어디론가
사라졌다

멈추어 버린 마지막 간이역
시린 의자는 냉골처럼 비릿하게 차오른다
마지막 기차가 끊어진 지 오래다
희미한 외등마저 꺼져 왈칵 눈물이 쏟아 질 것 같다

낡은 벽면 펄럭거리는 공개수배자 포스터
내 안에 염분 같은 과욕의 수배자를 찾기 위해
홀로 어둠 속 움츠리고 있다

누군가 버려진 꼬깃꼬깃한
차표 한 장
추적추적 비마저 내려
걸어온 흔적마저 지워버렸다

나는 젖은 낙엽처럼 땅바닥에 착 달라붙어
고개를 들어 하늘만 쳐다본다
누군가를 위해 기다릴 수 있다는 것은 얼마나 설렘인가

인생은 속도가 아니라 방향이기도 하다
인생 앞에는 좌절이 없다
오직 성공과 과정만 있을 뿐이다

내일이면 새로운 세상을 향해 기차는 어디론가
떠나가고 있겠지

겨울강

까마귀떼 부산하게 날고
햇살 무리 쓰러진 다리 난간에
날개의 그림자를 묻는다

흐르는 소리가 살점이 타
하늘 오르고
새벽 안개는
녹물처럼 산산이 흩어져
진실했던 사랑이
저당 잡힌 기억처럼 아스라하다

하루의 수고로움에 지는 노을 곱다
달빛 좋아서 별빛 좋아서라

지쳐 세상이 낯설기만 했던 세월
꾸겨진 메모처럼
아프면 아픈 만큼 아파서 일어서자고
새벽 강 손을 담그고 위로받던
그곳에 몸을 맡겼다

적당히 외로워할 강가에는
발걸음 소리 같은 삶이
여유로이 흐르고 있다

다시 오를 갈대의 새싹처럼

겨울산

능선에 긴 햇살은 꼭꼭 걸어 잠근 겨울 산자락의
빗장을 연다

한평생 산을 기대어 살아온 산동네 사람들은
앞산이 늦장을 피워도 불평 한번 하지 않는다

서로 기대어 살아가는 나무는 비밀의 빌미를 주지 않고
오직 고요와 평화만 존재할 뿐이다

산은
얼음장 밑 흐르는 물소리
가슴앓이는 바람소리
시린 빈 소주병의 울음 소리들을
가슴으로만 담는다

산은
아침 서리처럼 외로운 고독이다
어둠의 빈 겨울 공간 속
나무는 잠시 여유로워진다

새싹을 틔우려고 움켜쥐고 펴는 겨울 한나절
나는 그 능선 아래
또 다른 나를 찾으려고 밤 속으로 스며든다

갯모밀

조그마한
틈새

올망졸망
몸 기대어

찬 이슬로 꽃피어라

배시시
소리 없는 웃음

뉘 볼세라

낮아서
작아서 곱다

봄날

얼마나
기다렸던가

그리웠던 봄날

내 빈 가슴
꽃으로 다가와

꿈 같던 긴 밤
매화꽃 활짝 피어

그 향기
가득하니

꽃잎 떨어질까
애타는 마음

뜰 아래 서성이네

정
다방

가장 낮은 자세로 노을빛은
낡은 간판에 물든다

쪽잠 잠든 창 넘어 그림자 같은 긴 세월
실금 간 12평 남짓한 건물벽 위로
빨간 넝쿨 장미 흐드러졌던 오월

낭창대던 가시내
넋 잃던 노총각 웅삼이 낡은 지갑에서
구렁이 같은 생돈을 타 마신다

지난 시간 묶어둔 찌든 벽시계는
테입 풀린 지 오래다
빨간 립스틱 정 마담은 지금 어디서
붓꽃처럼 시들어 갈까

초록 양철지붕은 시든 흑백 색으로
덧칠하고

커피쟁반 신고 달리던 긴 머리 스쿠터가 화려한 세월을
뒤로한 채
구석진 자리에 달빛 덮고 누워있다

정양아~
응삼이 집 커피 석 잔

봄밤

뜰 아래
향기 가득하여

가지 끝
둥근달 걸쳐두고

몇 번째 이던가
서성거렸던

이유 알겠다

향기 옷깃에 담고
달빛 가슴 품었어라

너만 보고 있을
이 밤

애벌레의
꿈

절골된 뼈는 제 몸 하나 세우지 못하고
거미줄에 기댄 지 오래다

숱한 세월,
사라져 가는 시간은
농 깊게 각질 되어 더덕더덕 쌓여 있다

추락하는 물방울 한 점
찰라,
피사체의 예리한 초점 속으로
빠져든다

정지된 시간 위로
어긋난 뼈들이 뾰족이 날 세워
녹슨 꽃으로 되살아나고
녹물 번진 틈 사이 다시 지피려는
저 모진 힘

고치 속
우주가 꿈틀 꿈틀거린다

구절초

여리디여린
꽃망울 톡 터지면
가을
그 쓸쓸함에
가슴이 타올라

덮어도
덮어도
비어져 가는
소리

꽃잎 흩어져
당신의 흔적만
내 안에
살포시 피어나지요

햇살
곰살스러운

가을날에—

인연

뒤편에서
확연히 너의 모습 못 보듯

에드바르 뭉크의 절규처럼
처연히 누운
침몰한 폐선에 잠긴 까만 눈물 자국

왈칵
또 눈물로 쏟아질 것 같은 날
해동하듯 겨울을 소매 끝에 슬그머니 밀어놓고
그림자를 지운다

잠시더라 붉게 토해낸 너도 댓가없는 몸짓이었다 하여도
그래도 그 겨울 우리는 한번은 만나지 않았던가

흔적을 조금 남겨둔 기억처럼
하루를 덩그러니 바람 위에 올려놓고
그리움처럼 내 가슴에서 너를 내려놓는다

비밀의
숲

하늘 닿을 듯 빽빽한 나무들이 배시시 기지개를 켜고
서로가 달콤한 햇살을 먹는다

바람이 지나는 길목
저 부드럽게 스미는 안개는 어디서 시작되었을까
지그시 눈을 감고 박동하는 심장 소리를 듣는다

보이지 않는 숲 속의 향기
살며시 손을 내밀어 부드러운 바람을 잡는다

밤새 땅을 파던 고슴도치는 어디로 갔을까
그냥 무심결 그 길을 따라나선다
아직도 나무와 나무 사이에는 안개가 한참이다
따뜻한 어머니 품 같은 햇살도
따라나선다

얼마쯤 걸었을까

노루 한 마리 목을 축이다
화들짝 달아나고
고요한 연못이 아름답다

선물같은 이 짧은 순간

풍광 속에서 순해진 마음을 품고
있는 듯 없는 듯 고요 속에 그 들은 서로 기대며 살아가고

곱게 마름질할 수 있는 자연 속에 마음 다 내려놓고
내 안에 따뜻한 미소를 깨운다

해창만

한 폭
그림 같은
풍경

노을진 시간

그냥
그 끝 걸터앉아

살포시
사르르 물들다

영진항

노을 내리는 모래숲
갯메꽃 꽃무리에 취하는 팔월로 오시라

뜨거운 햇살
모래알로 너의 심장 활활 타올라 파도를 태웠다

기꺼이 몸서리치는
풍랑도 피하지 않겠다

몸뚱아리 하나로 너를 부르는
양미리떼 부산할 때
호주머니 소주병 하나면 되려니
너도 취하고 바다도 취한다

낮은 어둠 속 서 있는 너는
해무의 음산한 몸짓으로
새벽에 일어설 일이다

** 영진항: 강릉시 연곡면 영진리에 위치한 어항.*

무언을
풀다

선잠 깬 서쪽 능선은 선명한 나이테로 깊숙이
노을의 잔영을 삼킨다

살아있는 자만이 누릴 수 있는
호사다
돌계단은 분명, 숨차게 오르는 자에게 기꺼이
등을 내준다

타다 식어버린 눈물 같은 섬 하나

등대의 섬광이 비출 때면 횅한 가슴으로
낡은 벽지 속 선명한 빗물 자국으로 되살아나곤 했다

하나의 귀책사유 없이 겹겹이 걸친 낡은 집착이
허허로움으로 깨닫는 순간
삼류 막장 드라마처럼 비로소 미천한 무욕을 깨닫게 되었다

허공 끝 무성한 시간
제 몸 두드려 풍경이 울고 있다

05.

밥. 대신.
커피를.
마시는.
여자.

가슴에 세월 담고
오로지 고독할 시간
별빛이 어둠보다 먼저 잠들 때면

나는 언제나
그녀 곁에서 노래를 불러 준다

너

비문 앞에서

네가 나에게

7부 능선

산사

희망

밥 대신 커피를 마시는

여자

회유

ㄱ의 방식

찔레꽃

별

싸리문

77번 일반국도

계절은 아홉시 반

인생 1

인생 2

중도방죽

전율

초침 소리

남성마을

하루 품삯

소소한 행복

그 기억 속에

2길 27번 골목길

제비꽃

너

간절한 날

미열
한참이다

멀리 있어
애타는 나

멍물진 그리움

이곳에서
그곳에서

그리워서
아프다

비문 앞에서

그냥,
조금만 있다가 갈게요
할 말이 많았는데
막상 말을 잃었어요
땀 핑계 삼아 눈물 한 올
적시지도 못하고
먹먹한 마음
당신의 품만 꼭 안고 갈게요
꼬오 꼭 접어

—국립영천호국원에서

네가
나에게

오늘
참 잘했어

마음이
위로해줍니다

고마워

언제나
내 편이어서

7부
능선

나무와 새들은
서로가 공존하며 비워진 생각을 채운다

가파른 거친 숨소리
심장 깊숙이 말랐던 겨울을 마신다
자박자박 소리 없는 외침
해탈과 고뇌 잠시 잊고 활자로 언어를 토해낸다

스치는 바람 소리
떨어진 낙엽
또 다른 생명 움 틔우고
제 몸 삭혀 부드러운 흙으로 자연에 환원한다

산 등줄기 핥아 지렁이 몇 마리로
허기 채운 산 짐승
긴 겨울 가난한 등짝은 두꺼운 껍질에
육신을 비벼 뜨겁게 달군다

살아야 하는 본능
누가 저들에게 총 겨누는가
내 살갗 아프다

뼈끝 스미는 나무여
연으로 너 그 자리 지켜라
시 한 수 두고 가려니

산사

휘감는 세찬 바람
새는 새벽을 연다

돌탑은 천명의 몸 가다듬고
한랭한 겨울을 쌓는다

뉘 마음일까
뉘 부름일까

가야 할 길 멈추어
머문 자리

내 마음 여일 곳 없어
잔설 난무한 이 절벽 아래

봄보다 앞선
붉게 핀 매화 향

나 여기
서성이고 있네

희망

가지 좀
싹둑 잘라주소

나무 속 썩는 줄 알면서 묵묵히 그 자리 지키고 있다
움푹 팬 옹이 흔적
뿔 빠진 마지막 절규다

한때 누군가 끼워주던 꽃반지였던 감꽃
긴 겨울 보다 너의 봄은 멀기만 하구나

가장 높은 곳 십자가 불빛
망각의 몇십 년 종소리는
기다림에 굶주린 우체통에게 너의 안부를 묻는다

홀로 버티고 온 격정의 시간
절실하고 진실한 봄이 굼틀거린다

벗는다는 건
다시 입을 수 있다는 꿈이 싹 튼다는 것이다

밥 대신
커피를 마시는 여자

왜 내 배는 밥 반 그릇만
먹어도 배부르지
투덜대는 그녀

노을보다 더 고운 품성 담아
한 평생 시린 가슴 꽃으로 핀다

낯선 지난 시간 해동하듯
낡은 피아노 음반 당신이 웃고 있다

봄 햇살 담아 생강꽃 피고
여름날 물봉숭아 흐드러져
노란 분꽃 수줍게 지던 가을날

그녀도 짙은 향기 하나쯤 내려놓고
서성거리겠지

가슴에 세월 담고
오로지 고독할 시간
별빛이 어둠보다 먼저 잠들 때면

나는 언제나
그녀 곁에서 노래를 불러 준다

회유

묻에 오른 상자 속 굳은 눈동자는
심해의 기억을 지운다

무슨 까닭에서일까
멈추어버린 순간 지나간
꿈길 같았던 그림자가 덩그러니 서 있다

가끔 보이지 않는 생각이 뇌를 좀벌레 흔적처럼 숭숭
구멍을 내곤 했다
이기려는 절박한 심정으로 내가 내 가슴으로 다가선다
차라리 쪼그려져 작아지자

차가운 현실에 곧 일어선들
내 것이 내 것이 아니란 것을 알면서도 지느러미를 세웠다

한숨처럼 뿜어대던 희뿌연
세레나데
네모난 재떨이 속 비문 하나가 자화상처럼 새겨져 있다

피멍처럼
토해낸 선명한 눈물 자국
한기 가득찬 맨살로 새벽을 여는
쪼그라진 동태가 군불을 지핀다

잉태하려는 서투른 몸짓
파도여 힘껏 밀어 날아올라라
살 비늘이 다시 일어설 수 있도록

ㄱ의
방식

죽고 사라지는
반복되는 몸부림이다

사라지지 않으려는 검고 작은 실선이 생명선으로
움직이기 시작한다

환생하려는
절박한 번데기 몸짓
1이란 숫자의 생명에서 일천 번의 숫자로도
끝맺짐을 못하고
다시 ㄱ이란 활자로 또다시 시작한다

오선지 위 완료란 단어가 머나먼 희망봉 보다 멀다

수천 번 생각이 터치로 끝나는 순간
한 마리 나비가 훌훌 날 수 있을까
천만명의
눈동자가 그물을 스친다

접히고 구겨졌던 몸부림
온전히 활자가 이어져 날개가 완성된 순간
후드득 날개를 편다

여백의 시작점 또 다른
ㄱ의 활자가 꿈틀거리는 중이다

찔레꽃

여백 속 숨겨둔
아찔한 가시의 비밀

외진 절벽 작고 여린
꽃물이 환하다

꽃술 지나간 자리
작은 이슬로 물들이다

시린 자국마다
하얀 꽃잎 흐드러져

한 계절 품어도
아니 오시는
임

날 저무는데
검붉은 열매 붉다

별

내 타는 가슴 열어
붉게 태워 져 버린 뒤

광활한 어둠 속
너 감싸 안고 날개 편다

너는 별
독백처럼 내 가슴만
비추어라
곱으로 숨 막히도록

싸리문

꽃고무신
가슴에 안고

엄니와
작별하던 날

싸리문 넘어
은하수 곱게 내렸네

세월 지나
내 그리던
고향집 찾아왔건만

잡풀만 무성히
애간장만 태우네

처마 밑 헝클어진
거미줄 뒤로

낡은
액자 속

내 엄니
사진이 애처롭다

77번
일반국도

유채나물 심어진 긴 고랑은
하얀 서리꽃으로 피어 있었다

먼 시선 속
불빛이 무심하게 들어선다

중년은 허기진 가슴에
세월을 안주 삼아 술을 따른다

천 번의 가위질로
선연히 부풀어 오른 물집
한라봉은 노란빛으로 생을 마친다

어둠 깔린 여의촌 그 길
바람에 빗물도 취하고 그 사람도 취한다

계절은
아홉시 반

햇살 담아 말갛게
삭혀낸 세월은

언제나 노을보다 먼저 다가와
색칠하지요

그렇게 또 다른
새로움에 물들이고

여울목 꽃 진 자리
아련한 달그림자 비추면

곱디고운
단풍 색으로 물들 테지요

가을이라는
은밀한 유혹 속으로 째깍째깍…

인생 *1*

행복이란
술잔을 채워가는 것

외로움이란
술잔을 비워가는 것

산다는 것
채우다 비워가는 것

나는 지금 가슴의
술잔을 비운다

인생 2

산다는 건
제 몸 다 태워야

비로소

소금 알갱이로
남는 것

중도방죽*

금물결이 한참이다
갈대는 바람 앞에서 낮은 자세로 제 몸 서로 어우러져
허물을 벗는다

밀렵꾼의 총탄소리
코끼리의 육중한 살갗은 먼지처럼 흩어지고
목이 잘려나간 밀림의 적막감처럼

유모차에 몸을 의지한 채 한 노인은
참빗처럼 촘촘한 갈대숲에 핏방울로 맺히고 있었다

노을은 황금 물살에 순서대로
이별을 고하고 시간에 몸을 맡긴다

군중 속 외로움처럼 나는 홀로
침묵의 역사 속으로 나를 일으켜 세운다
싸락싸락 쓰러질 듯 다시 일어서는
저 갈대처럼

** 중도방죽*
소설《태백산맥》에 등장하는 중도방죽은 일제 강점기 실존인물인 "중도"가 물이 밀려 들어 오는 것을 막기 위해 쌓은 둑으로 그의 이름을 따 붙여졌다

전율

솟구쳐 오르는 떨림으로
셔터를 누르는 순간

간절한 햇살이 다가와

숨조차 쉴 수 없는
야릇한 마음에 여백 채워

짧았던 봄날인 양
가슴에 담아 두고 있었어

세월 가도
잊을 수 없는 흔적의 한 컷

돌아서던 그 길엔
하얀 발자국만 남긴 채

초침
소리

낮은 자세로 억눌린 안개는
사라지지 않으려는 산자락에 지문을 지운다

생선을 탐욕하는 고양이 눈빛
산자의 욕정보다 붉다
속병 하듯 긴 밭고랑마다 겨우내 가뭄으로 질긴
되새김질 중이다

무서리 분비하던 지난 밤
가난하지 않은 여린 뿌리마다
맥박의 탄성으로 새벽을 깨운다

들풀의 침묵
어두운 땅속 다시 지피려는 모진 힘
꿈들이 움트는 새벽
시린 살갗의 떨림으로 나를 일으켜 세우는 일이다

남성마을*

남쪽 하늘
별이 되어 쏟아지는 마복산 끝자락은
새벽이 일어선다

선물 같은 오늘

어여쁜 그대는
남색빛 들꽃으로 피어난다

벼랑 끝 찔레 열매 붉어져
추색이 더해지면

섬 하나
햇살 흔들리는 바닷가에 노을이 잠든다

** 남성: 전남 고흥군 포두면에 위치한 바지락이 유명한 마을*

하루
품삯

찬 바람
땅속 깊숙 헤집고

낮술 한잔
발길 돌리던 몇 며칠
하루 품
뼈 시린 추위 따위 사치다

묵은 담배 연기
씁쓰레한 시름 달래보지만

찬기 서린 취한 골목

식은 붕어빵
밤새 어둠 덮고 잔다

소소한
행복

빛바랜 쪽 창 아래
햇살 한 움큼 두고 가면

몸 기대어 살아가는
다육 가족
올망졸망 맛나게 햇살 먹어요

시린 겨울바람 견디며
용기 북돋아 주고

서로 의지하여
작은 행복 나누며

시기하지도
미워하지도 않아요

우리도 어여쁜 식물처럼
서로 아껴주고 사랑하며 살아요

그
기억 속에

내가 선 자리
생각은 어느 곳에서 하건
그대로인데
무정한 세월 흘러
강산이 변해버렸네

가난한 시절
지푸라기 태우던 냄새
지금 풍경 속 흔적만
간절함으로 피어난다

고향 천 번 만 번 불러도
그리운 강릉이란 이름
한 줄 생각마저 지우는
노을에 쓰러집니다

세월 가도 내 몸
그 기억 속 멈추고 싶다

2길 27번
골목길

엇갈린 경운기 바퀴가 할퀴고 지나간 자국
선명한 모래사장
펄밭 새겨진 낙지의 요란스런 몸짓의 흔적

북풍 시린 찬 바람이
휘어진 산자락에 엉엉 울며 지나 간다

힘겨운 경운기 소리 사라지고
퉁퉁 부은 노인네 무거운 발걸음 소리가 고된 하루
비릿한 냄새로 저녁바람 타고
골목길은 어둠어둠 이야기로 익어간다

홀어머니 모시고 사셨던 노총각 영근 아재
초저녁 밤 깊어가고 담 넘어 비파나무 한 그루
겨울 한낮 꽃 한창이다

잔가지 마다 더덧더덧 매달린 홀쭉한 하늘수박
지난 세월 허기진 내 어머니 젖가슴처럼 애처롭게
매달려 있다

어스름 노을 사라지고
골목길 하나둘 가로등 빛 수놓으면
반장 집 아주머니 검게 그을린 얼굴에 뽀얀 분 향기가
예배당 종소리 따라 노을 진다
산다는 게 다 그렇게 산다지만
그렇게 그렇게 골목길 오가는
발걸음 소리 사라지고

하루 수고로움이
담자락 밑 바지락 망탱이가 긴 겨울잠을 청한다

제비꽃

보랏빛
고운 마음

한 움큼 끌어안고

꽃으로
피어준 그대

내 안에
곱게
곱게 접어

마음 깊숙 간직할래요

시.

해설.

시 해설

곽구비
(시인, 《자연의 들러리로 살고싶다》 4집 저자)

겸손하고 낮은 자세를 아는 시인

난을 치면서 끊임없이 원예를 공부하면서
나뭇잎과 꽃들의 이름과 생각을
널리 알리고 싶어하는

김병효 시인의 가슴은 이미 자연의
품속처럼 투명하고 맑았다

시골의 넓은 하늘과 뜰을 내 앞마당처럼
주무대로 옮겨와 자연 가까이에
귀 기울이다 자연의 소리를 더 많이

옮겨놓고 싶은 청정 김병효 시인

너무나 살기좋은 세상이 되었고
시를 쓰고 난을 치면서 순간순간 행복하다가

어머님 생각에 불쑥불쑥 눈물나게도 하는

시인의 여린 감수성은 시로 풀어내고
시로 표현하고 다독이는 것을 본다

굽은 허리를 감싸 안은
어머니 같은 포구에는 언제나
옥빛 바다가 누워 있다

낭창하게 불어오는 바람이
옷섶에 스치면
꼬들꼬들하게 잘 말려진 서대에
길손의 시선이 멈춘다

유자향 알알이 익어가는 길목,

끊어질 듯 이어지는 둘레길마다
다도해 절경이 펼쳐지고
중산의 질펀한 갯벌은 노을에 기대어
마음도 청청하다

섬 하나
쉬이 부르지 못할 보리피리 소리가
들릴 듯 누워있다

지나간 것도 모두가 꽃같이 서러워 할

섬이 아닌 섬으로

발길이 기억에 남게 될

당신이 이곳에 와야 할 이유다

-〈고흥에 오시면〉 전문

바다가 보이는 고흥에 삶의 터전으로
살아 갈수록 희망적인 곳
낭창낭창 불어오는 바람
왠만한 고장에선 보기드문 유자향기까지
신나서 자랑 하고픈 시인은
우리가 한번쯤 와 주길 원한다

우리는 사사로이 신바람 난 일이 생기면
누군가에게 자랑하고 함께
신나하길 바라는 아이같은 순수함을
지녔기애 이런 시인의 감성이 좋다

구름 걷힌 비갠 한낮

쪽창 바라본 풍경은 기지개를 활짝 펴고 스치는 바람에

가물가물 쪽잠을 청할 참이다

제법 자태를 갖춘 호박넝쿨은 토실토실한 햇살 한 줌으로

살찌우고

…중략…

짙은 구름으로 이어졌던 기나긴 며칠의 침묵

오늘 햇살 충만한 허락된 하늘은 참으로 눈부시다

토실토실한 애호박 하나 건네주었던 아침

반장댁 밥짓는 냄새가 좋더라니

기별 없던 아랫집

거미줄 친 대문이 활짝 열린다

–〈된장찌개〉 일부에서 발췌

한동안 장마가 있었고 비가 그치면
무너진 담벽은 없는지 동네 한바퀴
순찰하러 나서다 열린 빈집에서 살았을 적
나눈 정 생각을 한다

김병효 시인은 이제사 1집을 내지만 시를
살펴보다 많이 놀란다

길게 쓴 시에도 알알이 박힌 낱말의
연결이 반복없이 매끄럽게
추억으로 데려다 주면서
아~~ 하는 여운을 남긴다

가다가 멈추어서서 그곳에 서성이다

울컥 가슴 멘 문살 안

부뚜막

가마솥 흘린 눈물 한 줌으로

깨진 장독대 밑 패랭이꽃으로 섰다

구구 소리 앞산 메아리 정겹던

산비둘기

세월 따라 어머니곁에 잠들고

휘영청 밝은 달빛

시린 문고리는 누워

기나긴 밤 자락에 얼굴 묻네

가슴으로 기다리시던 아버지는

어디에서 나를 기다리시나

감나무에 걸린 달 외로워

텅 빈 가슴만 붙들고 있네

–〈향수〉 전문 발췌

시인이 사는 시골은 가슴에 늘 그립게
간직한 어머니의 장독대이고
구수한 된장독이다

집집마다 열린 시골 사립문으로는

한달이 지나도 객지나간 이들
소식없지만 매일 감나무위로
안부를 물으러 온 달님과 햇님을 벗삼아
다시는 못 돌아오실 어머님을 그리워한다

조그마한
틈새

올망졸망
몸 기대어

찬 이슬로 꽃피어라

배시시
소리 없는 웃음

뉘 볼세라

낮아서
작아서 곱다

—〈갯모밀〉 전문

여리디여린
꽃망울 톡 터지면

가을
그 쓸쓸함에
가슴이 타올라

덮어도
덮어도
비어져 가는
소리

꽃잎 흩어져
당신의 흔적만
내 안에
살포시 피어나지요

햇살
곰살스러운

가을날에—

—〈구절초〉 전문

붉은 취기에 눈이 붉다

울엄니 꽃 같았던 청춘이
사르르 꽃잎으로 떨어진다

향기마저 여울처럼 흘려보내고

쪼그라든 굳은 마디마다

눈깔사탕 같은 씨앗

붉게 멍울져 눈시울이 붉다

빗물에 하루가 두 손에 가득 떨어져

소리 없이 운다

나 그럴 줄 알았어

–〈담자락〉 전문

김병효 시인의 시쓰기는 몇 십개 읽어도
지루함이 없어 시를 알고 쓴다는
자격이 충분했다

무엇보다 올바로 쓰이는 시들이 기뻤다

제목에 쓰인 담쟁이에 특히 훌륭한
시쓰기 기법으로 본,받고 싶어진다

붉은 담쟁이가 기어가는 것은
취기가 있어보여 지친 울 엄니처럼

보았다

쪼그라져 고생만 하다간 언젠간
가실줄 알았다
'나 그럴줄 알았다' 헉 목이 맨다

이 시는 중의적 화법의 고급 스킬이면서
과도한 감정없이도 읽는이가 목메게
하여 좋다

김병효 시인은 관념어나 허상으로
공중에 찬란한 누각을 짓는 뜬구름을
누르고 보았고 알고 있어온 가슴을 자연에
빗댈 줄 아는 시인이다

원 관념을 잘 숨겨 빗대어 쓸때
읽혀버리는 멋진 기교도 많이보인다

삶과 자연이 한꺼번에 읽혀도 멋진
중의적 화법의 표현들이 무엇보다
좋았다

동의어 의미 반복으로 지나치게
연 늘림의 억지가 없어 좋다

흔하지 않는 낱말로도 흔한듯 읽히는
곳곳에 시 적 장치가 이런 것
시어를 구사해놓는 능력이 무엇보다 탁월하다

멋부림으로 자신도 모르는 언어를 더 많이
객주 달아 불편하게 늘어놓는 행위를
잘 안 한 것에 개인적 호감을 표시하며

흡족하게 연마다 꽉꽉 채워둔
시다운 맛에 감사드린다

가을옷 꺼내드는 날 여름옷도 잊지 못하고
서성거리는 인간적인 시 냄새는
그리운 사람으로 남아있기 아닐까요

독자들이 그리워서 찾는 시인이 되시길 바랍니다
첫 시집 상재를 진심으로 축하드립니다

남색빛 들꽃으로 피다

김병효 시집

초판인쇄 2020년 10월 23일
초판발행 2020년 10월 31일

지 은 이 김병효
펴 낸 이 노용제
펴 낸 곳 정은출판

주 소 서울특별시 중구 창경궁로 1길 29 (3F)
전 화 02-2272-9280
팩 스 02-2277-1350
이메일 rossjw@hanmail.net
ISBN 978-89-5824-419-6(03810)

값 12,000원

* 이 책은 마포브랜드에서 개발한 Mapo금빛나루체를 사용하여 제작되었습니다.